The Fire Was Here
Poems about Mothers and Children

Anna Enquist

The fire Was Here

POEMS ABOUT MOTHERS AND CHILDREN

TRANSLATED AND WITH AN INTRODUCTION BY

David Colmer

The Toby Press

First English-language Edition 2003

The Toby Press LLC
POB 8531, New Milford, CT. 06676-8531, USA
& POB 2455, London WIA 5WY, England
www.tobypress.com

Originally published as *Hier was vuur*
Copyright © Anna Enquist, 2002

Translation copyright © David Colmer, 2003

ISBN I 902881 81 8

A CIP catalogue record for this title
is available from the British Library

Typeset in Garamond by Jerusalem Typesetting

Printed and bound in the United States by
Thomson-Shore Inc., Michigan

Introduction

Anna Enquist is the *nom de plume* of the Dutch psycho-analyst and musician Christa Widlund-Broer. Born in Amsterdam in the summer of 1945, just two months after the end of the war in Europe, she grew up in the nearby city of Delft. She remembers writing her first stories at the age of seven, but this precocious development was soon eclipsed by her discovery of music. Although her family background was anything but musical—her father was a professor of theoretical physics and her mother had trained as a nurse—Enquist's musical talent and ear were recognized during primary school recorder lessons. She studied piano throughout her years at secondary school, but finally bowed to pressure from family and teachers by opting for further studies at the university rather than the conservatory. In her circles, the idea of a young woman with her academic abilities not pursuing an academic career was almost inconceivable. Enquist settled on clinical psychology.

She forced herself through five years of study and graduated with a master's degree, then banished any prospect of a career within the university system by promptly enrolling at the conservatory after all. She was twenty-four and had neglected her music for years. In retrospect she explains that she knew that she would never attain the level of a concert pianist, but enrolled for herself and for her love of music, combining her studies with part-time work as a psychologist. While studying at the conservatory, she married Swedish cellist Bengt Widlund and gave birth to the first of their two children. The pressure of family life extinguished any lingering hopes of becoming "a real pianist." Despite this, Enquist has stated emphatically that nothing in her life has made her "as happy as motherhood. Nothing."

In 1976, after completing her music studies, Enquist found a way to combine psychology and music by accepting a position as student counselor and psychology lecturer at Amsterdam's Sweelinck Conservatory. Her duties included teaching and advising students about problems such as stage fright, small-group dynamics and the leadership styles of conductors. To increase her competence and insight as a therapist, she began training as a psychoanalyst, and once again the pressure of her studies, this time in combination with small children, obliged her to give up piano.

No longer able to adequately express herself through music, Enquist began writing poetry. Her first published poems appeared in a Dutch literary magazine in 1988, and three years later her first collection was published. This book, *Soldiers' Songs*, drew a great deal of critical and popular attention and was awarded the prestigious C. Buddingh' prize, *the* prize for new Dutch poetry. The collection sold unusually well, and was reprinted after just two months. Since then Enquist has published four more volumes of poetry and firmly established herself as one of the Netherlands' most popular poets. Her collections have gone through numerous reprints and achieved sales figures far beyond the norm for Dutch poetry.

Enquist's second volume, *Hunting Scenes*, includes a series of poems about Mozart's *Don Giovanni*. The depth of her fascination for this opera was one of the things that led her to branch out into prose: she simply had "too much material" for poetry. Her first novel, *The Masterpiece*, is explicitly based on *Don Giovanni*. Interestingly, Enquist set herself the task of basing her characters on Mozart's music rather than da Ponte's "melodramatic" libretto. What's important is "not what the characters say according to the librettist, but what the composer indicates that they feel". The emotional depth is in the music. *The Masterpiece*, like Enquist's subsequent novels, was a great success and has been translated into many languages.

Much of Enquist's poetry is unabashedly autobiographical. The three themes of her adult life—music, psychology and motherhood—are treated often and in depth, and personal details are common: the Swedish connection, a boy and a girl, the piano... Poems consider psychological phenomena (such as the Zeigarnik Effect, the psychological tendency to remember an uncompleted task rather than a completed one) or refer to important psychoanalytic papers (Freud's *Drei Abhandlungen zur Sexualtheorie*). Music is present as a subject, as a context and as a compositional guide. The poems in *Soldiers' Songs* even have footnotes referring to pieces of music that either inspired them directly or influenced the atmosphere or mood in which they were written. The book itself is structured like a piece of classical music. While writing poetry, Enquist is always aware of the musicality of language. Sometimes her three major themes explicitly combine, as in the poem "For Oboe and Piano", a psychological poem about her relationship with her daughter that uses music as an image of bonding and separation. Just as Enquist once combined music and psychology in her working life, she has seized this relatively new theme in her life, poetry, to further integrate her passions and concerns.

Enquist's poetry is rhythmic but irregular. Metrical patterns are established only to be broken by the pressure of her imagery. Her musical voice is most consistently present in the sound that ties her poems together. Alliteration, assonance and internal rhyme are frequent. Her imagery is dramatic and emotional, and is sometimes charged with a sense of urgency that allows, or better, demands grammatical leaps and logical breaks. "My poetry stuffs itself/ with garbage. 'No, don't,' I say,/ 'Don't devour those bitter scraps,/ that doleful ration.' But the verse/ bursts the corset of the lines/ and throws itself onto the page,/ before my eyes." Some critics have called her to task for her "ill-considered" or "inconsistent" imagery, but as the jury of the Buddingh' prize observed in 1992, Enquist's work "deserves readers, not exegetists".

The Fire Was Here is a thematic selection from Enquist's work. As the subtitle explains, these are poems about mothers and children. The poems have been drawn from all five of her books and are reproduced in chronological order. Some of her books are represented more than others, but these differences are slight and it would be fair to read the collection as a timeline showing the progress of her poetry, at least in regard to this particular theme.

In translating these poems, I have tried to go beyond the literal meaning to produce translations that reflect the poetry of the original works. Ideally, the response of an English reader to the English translations should approach the response of a Dutch reader to the Dutch originals. Often the sound of a word is more important than its meaning. For instance, in my English translation, the content of the suitcases in the poem "Where the Train Will Take Us" is not exactly the same as the suitcase contents in the Dutch original. The "B" alliteration and its link to the "blood" in the next line are more important than letting the reader know that the travelers are carrying "notepads" (the old-fashioned kind, made of paper). In other words, I have given the poetic function of words and phrases priority over their literal meaning. This is not to say that I didn't do my best to maintain literal meaning wherever possible, but I remain convinced that this should not be done at the expense of the final poem.

Another difficulty was that English is often more concise than Dutch: some of the lines in the original poems shriveled up to just a few short words in translation. I tried to correct the jaggedness that resulted by adjusting the enjambment and occasionally expanding upon the descriptions. In three poems, however, I decided that the best option was to simply merge lines and shorten the strophe.

In making these delicate decisions, I was greatly assisted by the poet herself. At an early stage of the translation process, she assisted me with the interpretation of a number of difficult passages and confirmed that she was happy with my general approach. Later she read the manuscript of the translations, reined me in where I had gone too far, and spurred me on to find better solutions where I hadn't gone far enough, at least not in the right direction.

I am very grateful for her kind assistance and hope that this volume will help win an English readership for her poetry.

David Colmer
Amsterdam, March 2003

Contents

Kinderszenen 2

[1] Mijn zoon 2

[11] Hortus bij nacht 4

[111] Conversatie met de kinderen 6

Te water, te water! 8

Drei Abhandlungen 12

De meisjeskamer 14

Tegen de groei 16

Vrouw 18

Stuwmeer 20

Polikliniek 22

Zeigarnik-effect 24

Nunc dimittis 26

Verjaardag 28

Herder 30

Weer thuis 32

Vredige hellevaart in Botshol 34

Sterke steen 36

Voor hobo en piano 38

Waarheen de trein ons brengt 40

Ouderzorg 42

Vliegveld 44

Eindexamen 46

Cantharellen 48

Oproep 50

Contents

Scenes of Childhood *3*

[*I*] *My Son* *3*

[*II*] *Botanical Gardens by Night* *5*

[*III*] *Conversation with the Children* *7*

Submerged *9*

Drei Abhandlungen *13*

Girl's Room *15*

Against Growth *17*

Woman *19*

Manmade Lake *21*

Outpatients *23*

Zeigarnik Effect *25*

Nunc Dimittis *27*

Birthday *29*

Shepherd *31*

Back Home *33*

Botshol: A Peaceful Descent into Hell *35*

Strong Stone *37*

For Oboe and Piano *39*

Where the Train Will Take Us *41*

Parental Care *43*

Airport *45*

Finals *47*

Chanterelles *49*

Invocation *51*

Laatste zomer met de kinderen *52*

Artis *54*

Winterdag *56*

Veiligheid *58*

Benauwd *60*

Lente *62*

Habanera *64*

Het raadsel *66*

Côte d'Azur *68*

Dochter, dochter [I] *70*

Dochter, dochter [II] *72*

Dochter, dochter [III] *74*

Dochter, dochter [IV] *76*

Sportpark de Kwakel *78*

Krimp *80*

Moeder en dochter *82*

Rondleiding *84*

Moed *86*

Naar het noorden *88*

[I] Bezoek aan mijn zoon 88

[II] De schreeuw 90

[III] De stilte 92

Wildzang weergezien *94*

De rode jas *96*

Geef terug! *98*

Last Summer with the Children *53*

The Zoo *55*

Winter's Day *57*

Security *59*

Short of Breath *61*

Spring *63*

Habanera *65*

The Riddle *67*

Côte d'Azur *69*

Daughter, Daughter [I] *71*

Daughter, Daughter [II] *73*

Daughter, Daughter [III] *75*

Daughter, Daughter [IV] *77*

Sports Park *79*

Shrinkage *81*

Mother and Daughter *83*

Guided Tour *85*

Courage *87*

North *89*

[I] Visiting my Son 89

[II] The Scream 91

[III] The Silence 93

Birdsong Revisited *95*

The Red Coat *97*

Give It Back! *99*

xiii

Kinderszenen

[1] Mijn zoon

Mijn zoon stormt door het huis,
een roffel op de trap. Hij is
zichzelf een motor. Het lied
dat in hem leeft ontsnapt hem
soms. Ik hoor hem zingen
op de gang en zwijg.

's Nachts is hij bang, hij twijfelt
aan zichzelf, aan ons, de wereld.
Ik neem hem in mijn arm
en zonder spreken vaag ik
de oorlog weg en kinderkanker,
mijn eigen dood, het monster van de tijd.

Ik lieg hem voor en red hem
tot wij beiden slapen in gestolen veiligheid.

Scenes of Childhood

[1] My Son

My son storms through the house,
a drumroll down the stairs.
He's driven by his self. The song
that lives inside him bursts
out now and then. I catch
him singing unawares and listen.

At night he's scared, uncertain
of himself and us, the world.
I take him in my arms
and wordlessly I smooth away
war, kids with cancer, my own death
and time itself, the worst monstrosity.

I tell him lies that save him till
we're both asleep in forged security.

[11] Hortus bij nacht

's Avonds, in de regen,
bezoeken wij de Victoria Regia.
Zij woont in een kermistent met gekleurde lampjes,
daar ontvouwt zij haar koninklijke bladeren.
Er wordt uitleg gegeven en men luistert met aandacht.

Mijn kinderen en ik houden ons wat afzijdig
en fluisteren zacht over de jungle:
– fluwelen nachten, geur van ananas,
een slang bezeert zich aan de stekels –

o wat moet ik missen
wat moet ik iedere dag weer
vaarwel zeggen en achterlaten.

[11] *Botanical Gardens by Night*

In the evening, in the rain,
we visit the *Victoria amazonica*.
She lives under fairy lights in a sideshow tent
and there she unfurls her royal petals.
A guide explains and the audience listens.

My kids and I huddle off to one side,
whispering softly of the jungle:
velvet nights, the pineapple scent,
a snake catches itself on the spines—

oh, so much for me to miss,
with every day that comes so much
to bid farewell and leave behind.

[III] *Conversatie met de kinderen*

Aan tafel gaat het over
wreed. Dat je een lied zingt
waar de ander van moet huilen,
en dat je dat wéét, zeggen zij
zwaaiend met hun lepels. Zeker.

Of met een licht de trage
zwarte kreeften lokt. Jij
in de boot. De dieren spoeden
zich, kunnen niet anders doen
dan ijlen naar wat trillend
fonkelt achter raster dood.

Het ergste is de dolkstoot,
vinden zij. Dat iets geheels en
gaafs zo onverhoeds wordt aan-
getast en voortaan niet meer zelf is
maar in binding met het wapen
dat zich toegang eist, en breekt, en krast.

Ontroerd, geobsedeerd, verwond
hoor ik hoe zij het wapentuig
van liefde argeloos als wreed
benoemen. Zonder aarzeling.
Boven de soep houd ik mijn mond.

(Schumann, *Kinderszenen*, opus 15)

6

[111] Conversation with the Children

At dinner we talk about
cruel. Singing a song
that makes someone cry,
and knowing it would, they say,
waving their spoons. Sure.

Or using a light to lure
the slow black lobster. You
in the prow. The creatures hurry,
unable to do a thing but rush
toward that shivering glitter
behind the mesh death.

Worst of all, they both agree,
the dagger thrust. That something whole,
unblemished, can so abruptly
be attacked, no longer just itself,
but in conjunction with a knife
that cuts and breaches, demanding entry.

Wounded, mesmerized, touched,
I hear them unsuspectingly
designate the arsenal of love
as cruel. Without a moment's doubt.
Above my soup, I hold my tongue.

(Schumann, *Scenes of Childhood*, Opus 15)

Te water, te water!

Het asfalt van de autoweg
is een rivier die wij bevaren
op weg naar huis, Utrecht voorbij.
– Zo gaat dat dus, zo gaat het:
dat zij praten en lachen, mijn
kinderen, het licht van de
avondzon geel en warm is;
bijna thuis zijn wij, tussen
de groene weiden bij Breukelen.

Wat verder aan de Vecht zie ik
twee brandweerauto's staan.
Mannen in duikerspakken lopen
traag, ernstig langs de kant:
– zo gaat dat dus, zo gaat
iemand te water, wordt te laat
gezocht, net voor het eten nog.
Jongens op fietsen komen aan,
vergeten haast en honger voor een uur.
– Zo gaat dat dus, zonder geluid
heeft zich de stroom gesloten, wordt
men onbereikbaar voor de prinsen
van het water en het vuur.

Straks gaan wij huiswaarts, allen:
jongens, duikers en de warme
auto met mijn klein gezin.
– Zo gaat dat dus, zo krijg ik dit
te zien, de onbegrepen tekens. Zwijgend.

Submerged

The asphalt of the freeway is
a river that we navigate
on our way home, past Utrecht.
—That's what it's like, that's how it is:
my kids are chattering and laughing,
the light of the evening sun is yellow
and warm; we're almost home, between
green pastures outside Breukelen.

A little further down the Vecht,
I see fire trucks with flashing lights.
Men in wet suits walk along
the riverbank, slow and serious:
—That's what it's like, that's how
someone gets drowned, by being found
too late, almost in time for dinner.
Boys on bikes come pedaling up,
forgetting haste and hunger for an hour.
—That's what it's like, without a sound
the slow green stream closed over,
leaving someone beyond the reach
of the lords of fire and water.

Soon we'll all be homeward bound:
the divers, boys on bikes and this
warm car with my small family.
—That's what it's like, that's how they come
to me, these signs: misunderstood and silently.

Als ik mijn hoofd een kwartslag
draai – vuurspuwend hangt de zon
boven Abcoude te gebaren, in
wilde lucht – is alles nooit geweest;
– zo gaat dat dus, zo gaat het.

If I just turn my head to face the west
—the sun is spitting fire above Abcoude,
beckoning through swirling clouds—
all these things never happened.
That's what it's like, that's how it is.

Drei Abhandlungen

Mijn vader komt mij wekken.
De schuur brandt! Ik mag gaan
kijken voor het raam en weet:
dit is voor mij. Zo vastberaden,
zo verrukt ga ik verzengen, zo
bandeloos en bijtend uitgebreid.
Mijn lichaam van vijf jaar vlamt op
waar later bloed en vuur zal zijn.
Zonder te weten wat er is huil ik
van schrik en heerlijkheid.

Het is heel vroeg als hij mij roept,
mijn zoon, gevoelig voor het zwerk.
Hij zegt er is een lucht. Wij gaan
naar buiten waar op leigrijs
fundament een koepel rijst van
hartverscheurend koper. Zijn gezicht
is strak van opwinding en ernst.
De tuin is doodstil. Samen staan
wij even roerloos in die kathedraal
vol raadselachtig licht.

Drei Abhandlungen

My father comes to wake me up.
The barn's on fire! He lets me watch
it through the window and I know:
this is for me. With such resolve
and rapture, I myself will burn,
as unrestrained, as fierce as this.
My five-year-old body flares up
where later blood and fire will be.
Not knowing why, I start to cry
from fright and utter bliss.

It's early when he calls me,
my son, responsive to the heavens.
He says the sky is funny. We go
outside, where rising from a slate-gray
foundation, there stands a dome
of clear heart-rending copper. His face is tight
with grave enthusiasm. The garden's
deathly still. Together we stand there,
motionless in this cathedral
of enigmatic light.

De Meisjeskamer

Hoe het ruikt naar lippenrood,
poederkwast. Latere handen
ten voorbeeld streelt de borstel
met stomheid het haar.
Zij is een acrobaat, hoog in
de lucht doet zij kunsten
aan de trapeze. Vijftien jaar.
Zij ademt vluchtig, houdt
zich nauwelijks vast. Negeert
in de vervoering elk gevaar.

Wij zijn het vangzeil waar
zij zich soms achterover
in laat vallen. Wij wiegen
haar als toen, ontwricht
als zij weer opveert en ons
achterlaat. Het plotseling
ontbreken van gewicht.
Vergeefse spanning in mijn armen,
verbazing om het zelfvertrouwen,
het geluk op haar gezicht.

Girl's Room

How strongly it smells of rouge,
of powder puff. Taking
an example from hands to come,
the brush caresses her hair
wordlessly. She is an acrobat
on the flying trapeze. Fifteen.
Doing tricks in mid-air.
Her grip is light, her breathing shallow.
She is fearless in her rapture—
without a single care.

We are the safety net
she sometimes falls back into.
We rock her like before,
then stumble with surprise
when she bounces back,
leaving us behind. Misplaced tension
in arms and backs and thighs,
a sudden lack of weight—
astonished by her self-confidence,
the joy that's in her eyes.

Tegen de groei

Zij glijden van mijn schoot
de wereld in, met roeiboten,
trompetten. Stuifzand en
hapering. Hun stemmen

schieten weg, lichaam te
groot voor mijn versmalde
arm komt te nabij. Zij worden
te intieme vrienden. Sinds zij

groeiden ga ik op verdoofde
voeten door een grijs en windstil
land. De hete messen van
verlies kerven in elke hand.

Against Growth

They slide down off my lap
into the world, with rowboats
and trumpets. Shifting sands
and hesitation. Their voices

shoot off, bodies too large
for my now shrunken arms,
they come too close. As friends,
too intimate. Now that

they've grown, I walk on numb
feet through a gray and windless
land. The burning knives of
loss carve lines into each hand.

Vrouw

Krakend verleggen zich
diagonalen. Hoeken rekken
uit in pijn, vierkant wordt
pentagon. Hoe ben je moeder
van die straalt onder het
gele licht? Er is een zoon
naast mijn zoon. De paden
lopen scheef de tuin in waar
de houtvester doorschijnend
dreigt, de berken beven.

Als oud papier waaien wij
op, ritselend bij elke zucht.
Een onzekere nacht, rivier
van vreemd verdriet. Zij kan
niet wachten, vouwt haar armen
om haar lief: mijn kind begint
de vrouwendans. Op rode
schoenen moet zij voort totdat
de bijl haar raakt, de beul
haar redt. Niet ik. Als ik.

Woman

Diagonals creak as they
displace. Corners stretch
with pain, square becomes
pentagon. How to mother
her beaming under yellow
light. A son has appeared
beside my son. The paths
run crooked in the garden
where a woodsman's shadow
looms, the birches tremble.

Like old newspapers we flurry up,
rustling at every sigh of wind.
An uncertain night, river
of strange sorrow. She cannot wait,
but wraps her arms around
her love: my child begins
the women's dance. In red shoes,
she must go on until the axe's
touch, until the executioner
saves her. Not me. Like me.

Stuwmeer

Toen de dam klaar was
begon het water te stijgen.
Kilte ving aan in de berg-
wand. De bomen begrepen
niet hoe zij stikten in wat
hen lief was. Vissen kwamen
te zwemmen in de wijngaard.

Schreeuwend breken mijn kinderen
het gladde watervlak. Ik wil
hen roepen: acht niet de pijn
van tekort, maar vrees de on-
keerbare kracht van teveel, hoor
mij, hoe ik roep, hoe ik keihard zwijg.

Zij maken fonteinen en regenbogen.
Zij lachen en luisteren niet, daar
aan de bovenkant van de diepte,
aan de overkant van de tijd.

Manmade Lake

When the dam was ready,
the water started rising.
A chill entered the mountain-
side. The trees were baffled,
choking on the element
they loved. Fish came to swim
between the vines and olives.

Yelling at the top of their lungs,
my children break the surface.
I want to call out to them: ignore
the pain of want, but fear the ir-
reversible power of excess, hear me,
the way I call, my stony silence.

They make fountains and rainbows.
They laugh, not listening, there
on the surface of depth,
on the far bank of time.

Polikliniek

De scalpel. Dieper. Het pincet
rukt met een schijn van drift de rode
tijdbom weg. Doe nu mijn zoon weer
dicht, chirurg, vijandig bondgenoot.
Sluit op zijn rug die rare mond die
fluistert over ongepaste groei en dood.

Na afloop benen wij, veldheren, door de
gangen langs brancards, langs richtingwijzers
naar de hel van 'kinderonc.' en 'mort.'.
'Dood aan de ziekte', roepen wij, en:
'wat is pijn'. Scheurend ontploft
het ziekenhuis als we weer buiten zijn.

Outpatients

The scalpel. Deeper. Tweezers,
seeming angry, tear out the red
time bomb. Close up my son now, please,
surgeon, hostile brother-in-arms.
Close the strange mouth on his back
that whispers "malignant" and "death".

Afterwards we stride, field marshals,
down corridors, past gurneys, past signs that lead
to the hells of "pediatric onc." and "mort."
"Death to disease!" we shout and "What
is pain?" The moment we're outside,
the hospital implodes.

Zeigarnik-effect

Als razernij, verdriet zijn uitgewoed
neem ik het grootgeworden kind, het oude
lichaam, de verloren vriend en stop ze
in de rugzak van het leven, die ik draag.

Maar dat wat onvoltooid werd weggerukt?

– Een man, alleen, loopt langs de nachtrivier;
hij zet zijn kraag op en begint te missen.
– Het kind dat mij verlaat voor ik het ken,
sculptuur van bloed, nog zonder huid.

Die pijn houdt door de jaren heen schokkend
en rauw zijn versheid: wind die niet wil
gaan liggen, schip dat maar niet vergaat.

Zeigarnik Effect

When fury and sorrow have run their course,
I take the grown-up child, the lost friend and
worn-out body and cram them all inside
life's knapsack, which I carry on my back.

But things that have been torn away still uncompleted?

—A lonely man follows the nighttime river;
he turns his collar up and feels the loss.
—The child that leaves before I get to know it,
sculpture of blood, not even skin.

Down all the years that pain, shocking and raw,
has kept as good as new: the wind that won't
die down, the ship that will not sink.

Nunc dimittis

Nee, deze moeder maakt het niet gezellig: braakt
in de thermosfles en houdt in bad een stille
snoek die naar je enkels loert. Tussen het
dubbel glas heeft zij een gans geplet. Oranje
zijn gekraakte snavel, zijn verwrongen voet.

Zij zingt het 'Tuba mirum' als zij zingt. Dat weggaan
niet bestaat vindt zij een laffe waarheid. Weliswaar
spreken dag in dag uit vrienden van vroeger in haar
hoofd – inmiddels zijn die wel verhuisd, vergaan,
verbrand. Schim van een kind speelt op de keukenvloer.

Nee, niet tevreden, deze vrouw. Zij ging op zoek
waar de rivier begon; zij zag hoe ijs tot water werd
en bruisend wegstoof tussen steen. Zij had daar niets
te vinden. Wat daar lag – zwemvestje, kinderlaars –
was niet van haar. Haar mond bleef hard.

Laat haar nu gaan langs de benedenloop. Het water
is daar breed en traag en stroomt vermoeid naar zee.
Laat haar dan zitten op de dijk in geurend gras.
De dag is klaar. Straks rijst de nevel en komt
om haar heen staan als een moeder.

Nunc Dimittis

No, this mother doesn't make things nice and cozy:
she pukes into the thermos flask and in the tub
she keeps a silent pike that eyes your ankles. Between
the panes of double glazing she has crushed a goose.
Orange, its broken beak. Orange, its twisted foot.

When she sings, she sings the *Tuba Mirum*. To her,
to say that no one's ever really gone is coward's truth.
So what if friends from long ago still speak inside her head
day in day out? They've still moved house or rotted, gone up
in smoke. The ghost of a child plays on the kitchen floor.

No, she is a malcontent, this woman. She went in search
of the river's source; she saw the ice that turned to water
and surged off bubbling over rocks. What was she doing there?
The things she found—some water wings, a child's boot—
belonged to someone else. Her mouth stayed hard.

So let her go down to the lower reaches. The water
there is broad and slow and flows exhausted to the sea.
Let her sit there on the bank in fragrant grass.
The day is done and soon the mist will rise
to gather round her like a mother.

Verjaardag

Die zomer was het op het Zweedse platteland
een ongehoorde drukte. Geen verstilde avond,
geen kalm watervlak waar bomenrij na
bomenrij zich omkeerde. Nee, ongeremd
sprongen de snoeken het riet uit, schreeuwde
de visarend over het meer. Insecten raasden
tussen de struiken en steeds renden uit oog-
hoeken hazen en korhoenders naar alle kanten.

Ook de kinderen lieten zich horen: trompetsolo's
daverden door het dal, er werd af en aan
gereden op tractors, in koetsen. Zij gingen
dansen ver van huis en sliepen buiten de
muren. Een jarige staat haar taal te bewaken,
de voeten in gras. Wind buldert voorbij, bloed
staat stil, recht branden de kaarsjes. Ademloos
wordt gewacht tot de storm gaat liggen in haar.

Birthday

That year the racket in the Swedish countryside
was unheard of. No silent evenings, no placid lake
where row on row of pine trees turned to face
each other. Instead, the uninhibited pike leapt out
from the reeds, an osprey screamed above the shore.
Insects buzzed from bush to bush, and in the corners
of our eyes, the hare and grouse shot off in all directions.

The children did their best as well: trumpet solos
resounded through the valley, they drove up and off
on tractors and in coaches. They went out dancing
far from home and slept beyond the walls.
A woman spends her birthday holding her mother
tongue, feet in the grass. Wind roars past, blood
stands still, the candle flames burn straight. Breathlessly
the others wait until the storm inside her wanes.

Herder

De buurman zit onder de zoete linde,
druppels thee in snor en baard. Wat een
verstilde avond, zuchten we. De dieren zwijgen
in het bos. Het meer zendt door de lucht
een zachte groet, van watertroost, van wereldbloed.

Morgen gaat het beginnen: apotheose van de
schapenteelt. Hond, eenzaamste van allen,
dreigt hen bijeen binnen het nauw staket.
Slijmdraden glimmen in zijn carnivoor gebit.
De herder selecteert. Rood voor de slacht.
Wit voor de namaakdood, het treitermes
dat scheert. Kabaal. De geur van pis.
Angst vlucht in alles buiten taal.

Ik schenk de buurman bij. Het raam dat open
is brengt stemmen van mijn kinderen: dag buurman
schapenman, wij slapen al. Zij grinniken verdacht.
Over de vlammen, over zwaard en bloed
trek ik de glimlach van een zomernacht.

Shepherd

Our neighbor sits beneath the graceful linden
with tea drops in his beard. It's such a quiet night,
we sigh. The animals are silent in the woods.
The air is carrying a gentle greeting from the lake,
the consolation of water, the blood of the world.

Tomorrow it begins: the apotheosis
of sheep keeping. Dog, the loneliest of all,
menaces them into the narrow stockade.
Threads of drool glisten on carnivore teeth.
The shepherd makes his selection. Red for slaughter.
White for death's rehearsal, the teasing blades
that shear. Uproar. The smell of piss.
Fear flees beyond all language.

Refill the neighbor's cup. The open window
conveys my children's voices: Hello, Mr. Sheepman,
we're sound asleep. They giggle with delight.
Across the flames, the knife and blood,
I draw the curtain of a smiling summer's night.

Weer thuis

Een tocht langs de grofgekartelde rand
van het land: hier had het leven zijn
rauwste vorm, verpletterde men tussen
klippen. In de uitgehakte havens geen
boot meer, geen brand in de ovens.

Hier maakt de voet geen indruk in zachte
klei; de rots spuugt mijn voetstap uit
zodra hij gezet is. Alles wat mensen
hier lieten heeft de wind gretig uit-
gewist voor een grijzer en schoner beeld.

Thuis grif ik met de pen een duimbreed
in de kaart van Europa: kijk, daar
liep jullie moeder geruime tijd vlak
langs de afgrond, de zee, de trouwste,
vernielendste, wildste minnaar van steen.

Back Home

A journey on the jagged edge of land:
life here came in its rawest form,
crushing people between its cliffs.
The hacked-out harbors are empty now,
there are no boats, no fire in the kilns.

Feet here do not press down on yielding
clay; the rock spits out each step I take.
This wind was always eager to erase
the things that people left behind,
to make a grayer, cleaner world.

At home I take a pen and mark an inch
on the map of Europe: this is where
your mother walked along the brink,
hugging the chasm and the sea,
the truest, greediest lover of stone.

Vredige hellevaart in Botshol

Wij gaan scheep, varen stil langs Einde
Viswater Jansen. Niets scheurt, de fuut
beurt behendig haar jong als dat nodig mocht
zijn. Hoe het water ons laat gaan, hoe het
riet hoofs doorvaart biedt naar verder,

naar geheim gebied. De beide onzienlijke
scheepsmaatjes zwijgen al jaren; zij denken
mij geenszins meer machtig en rekenen niet
op mijn rug. Zo ben ik gevaarlijk verkleind
doch scherp van oor voor hun verste zucht.

Wij glijden niet glorieus naar het ondergangs-
vuurwerk ten westen. Onraad klotst in het
botenhuis, verrukt verraad zonder bodem.

Geen misstap meer in dit donker. Er wordt
niet meer gevallen, slechts opgeborgen
nu niemand meer roept dat je komen moet.

Botshol: A Peaceful Descent into Hell

We board, row silently past "End Jansen
Fishing Ground". Nothing's disturbed,
the waterbird skillfully carries her young
when she needs to. The water lets us proceed,
the courteous reeds grant us passage on

to secret territory. My invisible shipmates
have been silent for years; they're sure
it's beyond me and discount the strength
of my back. Dangerously diminished, I am,
but with ears still peeled for their slightest sigh.

Inglorious, we glide toward the setting
fireworks in the west. Danger splashes in the
boathouse, treacherous floor without substance.

There will be no more missteps in this darkness.
There will be no more falling, just stowing,
now that no one's left to yell for me to come.

Sterke steen

De diepste laag in het geheugen van mijn zoon
bestaat uit onbewerkte reuzenkeien: de wasmachine
waar zijn lap ronddraait; de rode tractor; het belang
van de boletenpluk. Ik hoed dit onbereikbaar fundament
onder het danspaleis waarin hij leeft, geen aandacht
geeft aan wat onder zijn voeten is, meewarig lacht.

Misschien dat in zijn slaap het bouwwerk van de hard-
rock en de school doorschijnend wordt en zicht biedt
op de grootste megaliet: de boot trilt in het ruim,
de scheepstoeter, de vreselijke zeebazuin! Dan: opgetild
en in de warme luwte van de vader kijken hoe het schip
een keizerlijk tapijt van schuim trekt in het water.

Strong Stone

The deepest layer of my son's young memory
consists of raw enormous boulders: the washing machine
in which his blanket turns; the bright red tractor; the magic
of mushrooming. I guard these inaccessible foundations
below the dancehall where he lives, ignoring things
beneath his feet, smiling as if they're somehow boring.

It's possible that in his sleep the edifice of school
and heavy metal becomes translucent to reveal
the biggest megalith of all: the boat shuddering,
the ship's horn, the terrible trumpet of the sea! Then
lifted up into his father's lee, he watches the ship
draw its majestic foaming carpet through the water.

Voor hobo en piano

Zij heeft het riet in huis gehaald waar, altijd
met een zweem van streling, snaren klonken. Zij
wil niet als de klarinet behagen, niet verlokken
als de fluit. Zij stelt. Zo eenzaam heb ik haar
als meisje nooit gehoord. Met haar oprecht en
puur geluid blaast zij zich daaglijks verder weg.
Wat nu? Ik bied haar fluisterende tegenstemmen
op het aangetast gebit van mijn klavier, ik vang
mijn grote kind nog in een uitgerekt akkoord
maar ga haar toevertrouwen aan de tegenwind.

For Oboe and Piano

She brought the reed into the home where, always
with the hint of a caress, strings have sounded. She
has no desire to please like the clarinet, nor entice
like the flute. She states. I've never heard the girl
this much alone. Day after day, her pure
heartfelt sound blows her further away.
What now? I offer whispered harmonies
on the battered keys of my piano, I catch
my grown-up daughter with one extended chord,
but know I'm going to trust her to the winds.

Waarheen de trein ons brengt

Wij hebben het recht op doortocht gekocht
en betreden de trein. Het wordt avond, de wijn
is nog koel van thuis, het landschap ligt vriendelijk
vreemd te zijn. De zon doet zich dicht; wij, in
dat laatste licht nog net een gezin, worden zacht
aan de nacht gegeven, zalmboterham in de hand.
In het raam staan de koffers met blocnotes,
met bloesjes en bergschoenen deinend te zweven.

Vol met bloed liggen wij op de plank. Als ik op-
schrik: de kinderen vijftien jaar kleiner, een muur
van bittere stank, de trein dendert oostwaarts
door zwart en verlaten land. Wij kunnen geen ouders
meer zijn als soldaten hen dreigen en sleuren
buiten bereik van het woord, ons kraken, kelen;
wij ademen moord. Ik slik mijzelf in, ik verzamel
mijzelf in één zin: dat de dag komt, de dag komt!

De dag komt van links, het is goed. Deuren slaan
open, de voet raakt de grond. Wij worden omhelsd
door heldere lucht uit de bergen, beijsd in het rond.
Vlakbij is een winkel. Brood kopen. Vlucht.

Where the Train Will Take Us

We've bought free passage and board the train.
Evening sets in. The wine in the bottle
is still cool from home; the landscape outside,
charmingly foreign. The sun closes its eyes.
In that last light we're still a family, offered
gently to the night, sharing salmon sandwiches.
In the window, the floating suitcases sway,
packed with boots, water bottles and Band-Aids.

Full of blood we lie on the shelves. I wake
with a start: the children fifteen years smaller,
a wall of bitter stench, the train thundering east
through black, abandoned land. How can we be parents
when soldiers threaten and drag them beyond reach
of words, breaking us, cutting our throats?
We're breathing murder. I hold myself back, collecting
myself in one sentence: Let day come, let day come!

Day comes from the left, as it should. Doors slam
open, feet touch the ground. We are embraced
by clean mountain air, snowcaps surround us.
A store is open. Buy bread. Flee.

Ouderzorg

Na het ontwaken ligt de droom zwaar
verborgen in het geheugen van de spieren,
worstelt zich omhoog tot hij ontploft:

Verjaarspartijtje in het park, de roosvicee en
de taartjes, ze speelden om het houten hek
maar zouden gaan branden, het woei, het suisde,
vlammende skeletten, elk gezichtje drie ronde
gaten. Ik de moeder, de moordenaar had handen
die langs mijn lichaam hingen, voeten
die kleefden in klei.

De hele dag van slag. Dan op de fiets naar
de Amstel; met gestreken mast tuft de zeilboot
voorbij, waarover peinst de schipper? Vader,
vader, als lisdodden drijven je dochters
in het lauwe water; ruk ze vastberaden
aan boord, alsof ze van jou zijn, alsof
je ze wilt hebben!

Bevrijdend huilen en gelouterd naar huis?
Nee. De beklemming werd verpletterend,
stemde tot wekenlang eenzelvig nadenken.

Parental Care

After awakening, the dream lies heavy,
hidden in musculoskeletal memory,
wrestling up until it detonates:

Birthday party in the park, cupcakes and black-
currant juice. They played around the picket fence
but were going to burn. It blew, it whooshed.
Blazing bodies. Each child's face was three
round holes. I was the mother, I was the murderer,
my hands hung limp beside me, my feet
were stuck in clay.

Upset all day. Then jumped onto my bike
and rode to the river: a yacht chugged past,
mast struck, what was the skipper thinking?
Father, father, like bulrushes your daughters
are floating in tepid water: waste no time
and pull them on board, as if they're yours, as if
you want them!

Did I cry cathartic tears and go home free?
No. Oppressiveness was overwhelming,
feeding weeks of solitary thought.

Vliegveld

Er was een joodse muzikant die noch in Israël
noch in Amerika zijn huis vond, die in Amsterdam
een tent met loof bewoonde. Zijn altviool, door
de hybride klank geschikt voor liederen van rouw
en schrale troost, moest dagelijks zoveel plaatsen
in de wereld, zoveel punten in de tijd omspannen.

Zijn dochtertje hurkt op de stenen vloer en wacht.
Intens beidt zij haar vader na zijn reis, zij laat
zich niet door chocola, door grapjes of verhalen
van haar werk afleiden, schudt slechts afgemeten
nee. Haar plaats is hier, haar tijd is nu; zij wil
niets zien dan wat zij denkt en wekenlang bewaarde.

Hij heft haar op. Hij zegt niet: hoe moet ik
vertellen dat vaders onthoofd, dochters verbrand
zijn. Zij zegt niet: hoe kan ik zeggen dat ik met
het nieuwe zusje geen leven, zonder jou geen
vreugde heb. Zij zien elkaar. In de onmogelijke
broeikas van de luchthaven staan zij te bloeien,
hun ogen zijn voor elkaar regen en zonlicht.

Airport

There was a Jewish musician who found
his home neither in Israel nor in America,
but lived in Amsterdam inside a booth. His viola
—its hybrid sound just perfect for songs of grief
and meager consolation—needed to cover so many
places in the world, so many moments in time.

His daughter squats on the tiled floor. Intense,
she waits until her father's journey ends. *She*
will not be distracted from her work by chocolate,
jokes or stories; she shakes a measured no. Her place
is here, her time is now; she does not want to see a thing,
except the thing she's thinking and has cherished for weeks.

He lifts her up. He does not say: How must I tell
of fathers beheaded, of daughters incinerated.
She does not say: How can I say I have no life
with my new sister, no joy without you.
They see each other. There, in the impossible
greenhouse of the airport, they blossom.
For them, the other's eyes are rain and sunlight.

Eindexamen

Alle vlaggen. Met een gehuurde
bus de dochter naar haar kamer
rijden. Wind. Geen klaagrecht:

die het vuur van hun liezen
in aarde brengen, geen dochter
hebben, een rotmeid, een

rotmeid. Met bloedende vuisten
op het plaveisel hiertegen zijn.

(Het ingelijste kind met zich-
zelf het huis in zien gaan.)

Alle vuur aan de hemel,
het asfalt een rivier die
de grazige bocht achterlaat
omdat dat zo gaat. Alle

stomme waterstromen, weg-
waaiende woorden, alle gras.

Finals

All passed. Driving my daughter
to her room in a rental van.
Windy. No right to complain:

those who pour the fire of their loins
upon the earth, who never had
a daughter, a bitch, a

damn bitch. With bleeding fists
on the pavement, opposing this.

(Watching the child go into the house
holding herself in a frame.)

All fire in the western sky,
the asphalt is a river leaving
the grassy bend behind,
because that's what it does. All

the dumb flowing streams, words
blowing away, all the grass.

Cantharellen

Ze doen zich aan je voor vanzelf-
sprekend, op het moment van
verwachting zich vlezig onder-
scheidend van vergeeld blad.

Als je geluk hebt een kring; daar-
voor op de knieën, wrik ze los bij
de stelen, vingers in mos. Schuif
vorig jaars grijzig loof opzij en
ze staan daar. Voorwoordelijk
weet de voet welke kant, waar
je zou groeien als je cantharel,
als je kracht tegen zacht aan-
gestampte aarde was.

Eens in de tien jaar staan ze
op alle bekende plaatsen alsof
het gewoon is, alsof wat er
jaren geleden nog was met
ronde gezichtjes blij naar je
opkijkt en altijd blijft staan
in het gras.

Chanterelles

They reveal themselves without
show, in the moment of expec-
tation abruptly standing out,
fleshy among the yellow leaves.

If you're lucky, a circle: get down
on your knees, pry them loose
by the stems, fingers in moss. Push
last year's grayish leaves aside
and there they are. Preverbal,
your foot knows the way, where *you*
would grow as chanterelle, if *your*
strength lay in resisting
soft compacted ground.

Once every ten years they stand
in all those well-known places
as if it's ordinary, as if something
from years ago is smiling up
at you with small round faces
and will stand there still forever
waiting to be found.

Oproep

Ik ben de jongen en het meisje kwijt. Beiden
ben ik verloren toen de tijd
verstreek. Ik kan hun kleine
stemmen niet meer horen.
Ik zoek hen voor een nieuw
afscheid. Ik roep hen over wateren en weiden.

Verblind mijn blik, ontbind mijn stem. Lijken
en lotgenoten leren zwem-
men in dat tijdloos water.
Ik ook. Til uit het grote
zwart dit beeld: zij pakt
hem bij de hand, ze hollen over weilanden en dijken.

Invocation

I've lost the girl and the boy. I lost sight
of them when time slipped by.
I cannot hear their little voices
anymore. I'm searching
for them now to say a new
goodbye. I call out over fields and at the waterside.

Bedazzle my eyes, dissolve my voice. Dead bodies
and fellow sufferers learn
to swim in timeless water.
And so do I. From that great blackness
lift up this image: she takes his hand,
together they run down dikes and over meadows.

Laatste zomer met de kinderen

Het onschuldige water hierboven herbergt
slechts smalle vis. Schijnheilige moeder
sneeuw heeft zich teruggetrokken in die
tere rondingen onder de bergtop. Klaterend,
schaterend neerwaarts, heupwiegend en
schreeuwend bergaf, bergaf. Na de cascades
de eerste sluis, veroordeling tot de bedding.
Vertraagd en vergiftigd klotsen rond de harige
buik van de rijnaak, zeulen wat achteloos
werd meegegeven: matrassen, plastic flessen,
een wit, gerimpeld kind. Niet terug kunnen.

In de verloskamer juichen ze bij het omge-
keerde doelpunt van de geboorte. Niemand
voorziet de wraak van de keeper die hoog
op de witte tafel ligt, met lege handen.

Last Summer with the Children

The innocent water up higher is home
to smaller fish. Hypocritical mother snow
has withdrawn to the fragile curves
beneath the peak. Gurgling, babbling down,
shimmying, screeching downhill,
downhill. Right after the cascades,
the first weir—a sentence to the riverbed.
Slowed and poisoned, splashing against
the hairy belly of a barge, bearing
careless gifts: foam mattresses and plastic bottles,
a white and wrinkled infant. No way back.

In the delivery room a cheer goes up
for the inverted goal of birth. Nobody
anticipates the revenge of the goalkeeper
high up on that white bed—empty-handed.

Artis

Het kind van twee staat voor de kooi
en legt contact. Geconcentreerd doen zij
elkaars gebaren na, de woordeloze bos-
bewoner en zijn erfgenaam. De ouders
staan terzijde, zwaar van denken, lachen,
taal. Hun schuldbeladen aapgedachten
vliegen blozend uit: de laborant voert
het fatale virus aan de vreugde van de
orgelman; roemruchte overwinnaar
van de knekelgeest, Chinese dames
nemen hapjes uit je blootgelegde
hersenpan. En o, de vreemde afgunst:
hoeveel hechter de omhelzing met die
handen als voeten, die beloftevolle
rekbaarheid van de liezen! Tussen de
wal van reflectie en het schip wellust
hoeft het kind niet te kiezen en rijst
schaamte op als een dieproze bloem.

The Zoo

The two-year-old stops at the cage and makes
contact. Engrossed, they ape each other's gestures,
the wordless jungle dweller and his heir.
The parents stand and watch. Weighed down with laughter,
thought and language, they hatch their blushing, guilty,
monkey thoughts: the lab assistant feeds
a fatal virus to the organ grinder's joy;
illustrious vanquisher of the white bone demon,
Chinese ladies sup your laid-bare brains.
And oh, that strange resentment: how much tighter
the embrace of hand-like feet, the flexible
promise of those loins! A toddler doesn't
need to choose between the cage of lust
and paths of contemplation, and shame arises
like a deep-red flower.

Winterdag

Mijn zoon was zeven jaar; zijn schaatsen
waren veel te groot. Wij zagen vissen en
een kikker onder ijs, suisden langs riet,
langs elf verzonnen steden, aten bevroren
chocola en zaten op de wal. Wij vonden
in het veen een potscherf. Heel de wereld
lag helder en droog aan onze voeten.

Winter's Day

My son was seven; his skates were way too big.
We saw a frog and fish below the ice,
whizzed past the reeds and crowds of cheering
imaginary fans, we stopped to eat
frozen chocolate on the bank and found
a shard from a pot in the crackling bog.
The world lay dry and shining at our feet.

Veiligheid

Waar wij ook sliepen die zomer,
iedere nacht schreeuwde de uil
haar houtige roep. Dezelfde?
Uil? – Zo klinkt een uil,
had iemand gezegd en wij
hadden geloofd en onthouden.

Security

Wherever we slept that summer,
every night the owl still shrieked
its woody call. Just one?
Owl?—The sound of owl,
someone once said, and we
believed and remembered.

Benauwd

Wat duurt het jaar lang, er komt
geen eind aan de zomer. Zij zuchten.

Bij ons komt lucht niet verder
dan het borstbeen. Wij horen

een nieuwe adem: tijd hijgt
sneller en lichter in ons rond.

Het is niet bij te houden, wij
zullen duizelig worden, omvallen,

onszelf nog zien als laatste
schaatsers op smeltende melk,

zware sporen trekkend in ijs
dat gelig zwelt aan de randen;

neerkijkend, terwijl lente stijgt
in de bomen, voor anderen.

Short of Breath

The year goes on forever,
the summer never ends. They sigh.

But our air gets no further
than the sternum. We hear

new breathing: faster, lighter—time
wheezing round inside our chests.

We can't keep up, we will
get dizzy and topple, catching

one last glimpse of ourselves,
lonely skaters on melting milk,

trailing heavy tracks in ice that's
swelling yellow on the edge;

looking down, while spring rises
in the trees, for others.

Lente

Het klein hoefblad hield ik vroeger
scherp in de gaten. Wanneer, waar,
of het al. Ook de kale witte klaver
en later de rode met de roestplekken.

Wij schrokken nergens voor terug
met onze manden en spaden. Weide
stond in plaggen voor het keukenraam
te sterven, te snakken naar water.

Nu kweekt mijn zoon zijn geurend
riet op het balkon. Mijn dochter
spaart haar rozen. Al wat ik liefheb
heeft gebloeid, het is zover

geweest voor ik het wist. Ik
heb mij nergens mee bemoeid.

Spring

I used to keep a sharp look out
for coltsfoot. When, where, whether
it had. The spare white clover too,
and later, the red with flecks of rust.

We knew no mercy with our baskets
and our spade. Slabs of meadow
arrayed before the kitchen window,
dying slowly, gasping for water.

Now my son grows fragrant reeds
on a tiny balcony. My daughter
collects her roses. Everything I love
has come to flower, it happened

before I realized. It was all
beyond my power.

Habanera

De verzen waren zo woest uit de bodem
getrokken dat zij nog lang na-kraakten.

Toen lagen de letters als as in de sneeuw
en bewogen niet meer. Als iemand
ze aanblies vlamden ze even: oud vuur.

Er was een kind. Met haar danste ik
door de kamer, wij galoppeerden van hoek
naar hoek, wij zongen luidkeels een lied.

Zij had een warm gezicht. Zij was mijn dochter.
Als ik adem vonkt zij na in het gedicht.

Habanera

The poetry was wrenched from the ground
so hard it creaked and crackled.

The letters lay like ash in snow,
no longer moving. When someone
blew on them, they flared up: old fire.

There was a child. Together we danced
through the room. We galloped from corner
to corner, singing as loud as we could.

Her face was warm. She was my daughter.
When I breathe, she sparkles in the poem.

Het raadsel

Tijd heeft mij op de tuinbank neergezet,
een soplap in mijn hand gelegd. Toen
ik niet keek werd bloesem fruit,
hebben de wilgen zich verzilverd,
heeft het kind zijn eigen maaltijd
klaargemaakt.

Hij ziet ons zitten bij de vijgeboom,
wij lieten het konijn los in de tuin.
Het kind is achttien, wringt zijn hart
uit van verlangen en begrijpt niet
hoe hij hier kan blijven, hoe hij hier is
losgeraakt.

Verniel de haag, verzaag de stam,
vertrap de rozen, breek. Ik veeg
de spiegel schoon: nieuw gras
met glazen bloemen, jonge ouders
met hun kleine zoon, door tijd niet
aangeraakt.

The Riddle

Time has sat me down on the garden bench.
It's put a dishrag in my hand. When I
was looking the other way,
blossom became fruit, the willows
turned silver, the child grew up
too much.

He sees us sitting by the fig,
we let the rabbit loose on the lawn.
He is eighteen, he wrings his heart
with longing and doesn't understand
how he can stay here, how his moorings
came undone.

Shred the hedge, saw up the trunk,
trample the roses, break. I wipe
the mirror clean: new-sown grass
with flowers of glass, young parents
with their infant son, by time
untouched.

Côte d'Azur

Grootouders sliepen in grijze
paleizen, schommelden in volle
havens, wuifden naar ijsventers.

Wij lieten de kinderen zwemmen
in bremzout water. Alle weemoed
is naar de kust gekropen,

wij lopen tot de knieën door
stroperig verlies en denken
louter aan jaren, aan later.

Côte d'Azur

Grandparents slept in marbled
palaces, rocked in crowded
bays, waved to ice-cream men.

We let the children swim
in briny water. Wistfulness
has crept down to the sea.

Knee-deep, we wade
through viscous loss and think
only of years, of later.

Dochter, dochter

[1]

Niet waar dat ze met lange
elastieken draden aan je vast
zit, dat je opvliegt als zij
twintig kilometer verder van
haar fiets valt. Je zit in het
versteende huis en je voelt
niets.

Zij rijdt langs de glimmende
tramrails. Mijn genen
fluisteren bevelen
in haar lijf. Zij zingt en schudt
het natte haar. Net mama,
lacht ze. Nee, zegt de jongen:
jij, jij, jij.

Daughter, Daughter

[1]

Not true that she's attached
with long elastic wires,
that *you* leap up when *she*
falls off her bike a dozen
miles down the road. You sit
inside your fossil home and feel
nothing.

She rides past gleaming street-
car tracks. Inside her body,
my genes whisper commands.
She sings and shakes wet hair.
Just like Mama, she laughs.
No, the boyfriend answers:
You, You, You.

Dochter, dochter

[II]

Een bonte kraai zou ik willen zijn,
bij het minste vermoeden van onrecht
of herrie: op de vleugels, geeft niet
waarheen.

Of een windmolen. Ze zouden eens zien
wat ik ervan dacht, op Nationale
Molendag.

Het liefst een rivier die overal omheen
en door kon. De ergste woede eruit
gebeukt in de waterval, nu langzaam
en sluw.

Ik nam de verhitte kinderen
mee, hield ze vast, gaf ze eten
en droeg ze naar zee. Eenmaal daar
zijn we alles vergeten.

Daughter, Daughter

[11]

I'd like to be a hooded crow,
at the slightest hint of injustice
or noise: take wing, it doesn't matter
where.

Or a windmill. They'd find out
what I think of things come
Windmill Day.

Or best of all, a river that always gets around
and through. The fury pounded out
in falls and rapids, now slow
and sly.

I took the overheated children
and held them tight, I fed them
and bore them to the sea. Once there,
we forgot everything.

Dochter, dochter

[III]

Nu bén ik toch thuis zeg je,
wel twee dagen. Ik noem dat
geen thuis-zijn, een benauwd
verblijf is het. Op het bed zit ik
naast je, dat is waar, vandaag
en ook morgen. In de ketelkast
vind ik de kleine schoenen,
de donkerblauwe, maat twee-
en-twintig; sta ik weerloos
in tranen hoewel je beneden nog
bent onder je naam in wat heet
je eigen bed, twee dagen zeg je.

Daughter, Daughter

[III]

But I'm *home* now, you say,
for two whole days. That's not
what *I* call being home, a port
of call, that's what it is. I'll sit beside
you on the bed, that's true, today
and tomorrow too. In the boiler
closet, I find those little shoes,
dark-blue, size four; I stand
there helplessly waiting even though
you're still downstairs under
your name in what we call
your bed—two days, you say.

Dochter, dochter

[IV]

Hoe kan ik het uitleggen. Zo'n kind
kan het niet helpen: zestig kilo
geworden, in de stad gaan wonen.

De moeder beheert het geheugen. Het kind
herinnert plakboeken en enkele liederen.
Geen uiteenscheuren is zo wreed. Altijd

geweten (later, groot) en nooit beseft
dat de tijd het hart er echt uit zou
rukken, dat rafelige randen en een

rood gat zouden achterblijven. Dat moet je
bedekken. Ze geloven je niet. Het kind kan
het niet helpen. Dat heeft ook verdriet.

Daughter, Daughter

[IV]

How can I explain? The girl
can't help it: she's five foot six,
going to live in the city.

A mother is memory's guardian. The child
remembers scrapbooks and a song or two.
No other severance this cruel. Always

knew (later, big) but never realized
that time really was going to rip
out the heart, leaving ragged edges,

a bloody hole. You'd better cover it up.
They don't believe you. The girl
can't help it. She's hurting too.

Sportpark de Kwakel

Het bot kraakte en brak. Er stond wind
over het veld, tegen elf jongens blies
de bries van zondag, hijgden zware mannen.

De rechthoek van gras lag in dijken tussen
een zee van glas. De jongens waren vers
en pas begonnen, wat wisten zij van mist,

van polderwoede, wraak van uitgezogen
land. Stampende benen doen de aarde
schudden. Botsing. Val. De kudde steigert

en wordt stil. Zes vrienden dragen
onze zoon het gras af. Wij volgen
langzaam wadend, drenkelingen, wiegend

in een onbegrepen maat. Zij wijken weg
en staren. In de wedstrijd valt een wak.

Onder de naakte lampen weten wij:
het kraakte; zegt de dokter: ja, het brak.

Sports Park

Crack and the bone broke. The Sunday field
was in the wind. Eleven boys were whipped
by the breeze and sweating, overweight men.

A rectangle of grass between embankments
holding back a sea of glass. The boys
were fresh, they'd only just begun, what

did they know of mist, the water's wrath, revenge
of sucked-dry soil. Their stamping feet still shake
the ground. Two players collide. The herd rears up

and then falls still. Six friends pick up our son
and carry him off the field. We follow,
wading slowly, castaways, rocking

to a rhythm we cannot fathom. The teams make way
and stare. The game is over in our wake.

Beneath the glaring lights we know: it cracked.
The doctor mumbles: Yes, a nice clean break.

Krimp

Hoe de dagen mij ontkomen, steeds
waait er een nieuwe tegen het raam.

Een somber kind in de keuken eet
niet meer uit mijn pannen. Zeldzaam

is het oude leven dat voelt als immer.

Intussen verwaaien mijn uren, ze zijn
de echte, wat tegen mijn raam slaat

is het echte leven, het huidige,
dat van mij, dat van mij eet.

Shrinkage

Although my days just slip away,
a new one still blows up against the window.

A heavy-hearted son no longer
eats from my pans. Rare now,

the old life that feels like forever.

Meanwhile my hours get blown away,
they're real, what's beating on my windowpane

is real life, not yesterday's, today's,
it's mine, and feeds off me.

Moeder en dochter

'Ik heb mijn haar gevoed, ruik eens,
en voor mijn nagels ben ik beter
dan vroeger.' Wij gaan uit eten
en naar de opera. Wij lachen
en verstarren op dezelfde momenten.
Dan nemen wij afscheid. Zij
gaat naar huis en ik ook.

Mother and Daughter

"I bought some new conditioner, smell it.
I've even started growing nails. See?"
We go to a restaurant for dinner
and then the opera. We laugh
and freeze at the same moments.
And then we say goodbye. She
goes home and so do I.

Rondleiding

voor Paul Citroen

De keuken. In die glimmende pannen
koken wij meer dan we op kunnen.

In de tent slaap ik met mijn broer
en zes jongens. Onder in de slaapzak

heb ik alles: beer, mes en briefkaart.
Je moet nacht maken voor het nacht

is. Met je ogen. Hier was vuur.
Op deze stenen zaten wij en zongen.

De leider speelde gitaar. 's Morgens
was de as nog heet. Dagen van regen

waren nodig om de gloed te doven.
Dit is maar een gedeelte, van het kamp.

Guided Tour

for Paul Citroen

The kitchen. In those shining pans,
we cook far more than we can eat.

In the tent I sleep with my brother
and six boys. Everything I need

is inside my sleeping bag: bear, knife, postcard.
Always prepare for night before

night falls. Use your eyes. The fire was here.
These are the stones we sat on to sing.

The leader played guitar. In the morning
the ashes were still hot. It took days of rain

before the glow was quenched.
This is only part of it, of the camp.

Moed

'Nu tussen ons, hooiwagen!'
riep mijn zoon van vier.
Hij hief zijn houten zwaard,
duwde de deur opzij. Trots
en gelukkig waren wij.

En tussen ons, herinnering.
Kruip je het donker in
of tril je voor mijn lans?
Kom dichterbij; ik maak je in.

Courage

"It's between us now, millipede!"
my four-year-old son shouted.
He raised his wooden sword
and pushed the door aside. We
felt happiness and pride.

And between us now, memory.
Will you creep into the dark
or tremble at my lance?
Come closer; I won't let you go.

Naar het noorden

1: Bezoek aan mijn zoon

Aan de rafelrand van Stockholm
staan studentenflats bijeen
als bijenkorven. Het gruispad
voert langs grijs en sneeuwloos
gras, sporthal, station.

In de keuken, tussen twintig
ijskasten, wordt niet gerookt.
Op dinsdag schreeuwen ze zegt hij,
uit alle ramen. Om zes uur.
Waarom? Wie er begint?

Doen ze het overal of alleen
hier, en sinds wanneer? Hoe lang
het duurt? – Een klein kwartier. –
Wat schreeuw je dan? – Hij kijkt
naar buiten, zwijgt.

North

1: Visiting my Son

On the raggedy edge of Stockholm
student apartment buildings cluster
like beehives. The gravel path
leads past a gray and snowless
lawn, sports center, train station.

The kitchen with twenty-four
fridges is strictly non-smoking.
On Tuesday they shout, he says,
from all the windows. At six PM.
But why? And who goes first?

Do they do it everywhere or just
here and since when? How long
does it last?—About ten minutes—
But what on earth do you shout?—
He looks out, silent.

11: De schreeuw

Door de glimmende gang trekt hij
de grootste koffer. In het hok
dat huis wordt ademt hij uit.

De blonde meubels hebben rechte
hoeken. Een jongen uit Japan zit
op de grond en vindt de zoldering

ver weg. Het raam heeft dubbel glas.
Hij opent het discreet. Hij legt
zijn handen op de plank en wacht.

Dan vallen gaten in het grijs
en zwelt de schreeuw als een orkaan
uit duizend witte monden, tolt

kolkend rond het plein en stijgt –
tot hij zijn oren sluit, het bars
geluid met hoog gegil bestrijdt.

11: *The Scream*

Down gleaming corridors he pulls
the biggest suitcase. In the box
that will be home, he sits back.

The blond furniture has square
corners. A young Japanese sits
on the floor and thinks the ceiling

very high. The window is double-glazed.
He opens it discreetly. He lays
his hands on the sill and waits.

Then the gray starts breaking open
and the shout swells like a hurricane
from a thousand white mouths, spins

whirling round the square and rises—
until he closes his ears, challenging
that grim sound with a piercing scream.

III: De stilte

Er staat een stolp over Zweden,
je ziet witte heuvels en teer
naaldhout, een stil vuur.

Aan de bosrand strekt de eland
zijn hals, toont stralende tanden.
Mist stoomt hortend uit zijn keel.

Binnen kraakt de stoelpoot
als een brekende mastboom.
Adem stormt boven tafel,

sluisdeuren slaan in de mondholte,
door ingewanden stort zich woedend
een machtige waterval van koffie.

iii: The Silence

There is a bell jar over Sweden,
you see white hills and fragile
conifers, a quiet fire.

On the forest edge the moose
lifts his head, shows brilliant teeth.
Bursts of mist come steaming from his throat.

Inside, the leg of the chair
cracks, like a breaking mast.
Breath storms over the table,

floodgates open in the oral cavity,
a furious, mighty waterfall
of coffee gushes down gullets.

Wildzang weergezien

Het was bedacht in een doos
in een stad aan een tafel, gedicht
met potlood, door een ijsmens.

Hij dreef hout met hamers in aarde,
perste de grassprieten terug in de grond
met de morsetekens van zijn moker.

Toen konden wij picknicken bij de paaltjes,
de regels langs rennen met geschaafde schenen.
Mijn hinkepootjes, mijn hazehartjes, en ik.

Gisteren waren de lege velden bos
geworden, wuivende kruinen gonsden
in verdwenen gelid een wilde zang.

(N.a.v. *Wildzang*, beeldhouwwerk van Sigurdur Gudmundsson)

Birdsong Revisited

It was conceived in a box
in a town at a table, poem
with pencil, by an iceman.

He drove wood into earth with hammers,
pressing grass back into soil
with the Morse code of his sledge.

Back then we picnicked near the poles,
running down lines with skinned shins,
my hopalongs, my scaredy-cats, and me.

Yesterday I found a wood instead
of empty fields, the swaying treetops hummed
in smothered ranks, they sang a wild song.

(*Birdsong*: a sculpture by Sigurdur Gudmundsson)

De rode jas

Zij neemt haar rechten voor lief,
de dochter. Spetterend zonlicht,
zacht water, droevig lied.

Over het veilige gras kruipt zij
op mij toe. Knieën, armen, mond.
Zij heeft recht op een rood jasje.

Hoe de kleuren zijn opgevreten
door achteloze schemer zal ik
verzwijgen. Slechts wit

treft het oog als een vuistslag.
Recht op de schreeuw, de laatste
boot, de smaak van brood?

Kijk: in de avond vloeit tijd
als een vlies over de dingen.
Ons recht. Ons raakt het niet.

Kind dit zijn leugens, dit gaat
over dikke huid en dichte ogen;
dit zijn de regels van het gedicht.

The Red Coat

She takes her rights for granted,
this daughter. Splashes of sunlight,
soft water, a sad song.

Over the safe grass she crawls
towards me. Knees, arms, mouth.
She has a right to a red coat.

I won't mention the way the colors
have been eaten up by careless
twilight. Only white

hits the eye like a fist.
The right to scream, to take
the last boat, to taste the bread?

You see: in the evening, time flows
over everything like a membrane.
Our right. It doesn't touch us.

Child, these are lies, this is
about thick skin and closed eyes;
this is how poems are made.

Geef terug!

Zon, vurigste bal, klimt in de stad.
De zonen zijn opgeborgen in huurkamers
tussen Tukkers en Turken. Ze dromen
van dans, doeltrappen, gras waaronder
wormen schrikken van hun voetstap.

De moeders, ach, moeders. Ze staan
te roken op het balkon, ze dreigen
met een voetbalshirt in kindermaat.
Ze schelden op de engel van de dageraad,
en huizen staan te vlammen in hun rug.

Give It Back!

The sun, that fiery ball, rises in the city.
The sons are stored away in rented rooms
between farm boys and foreigners.
They dream of dance, kicking goals, grass
on which their footsteps terrify worms.

The mothers, ah, mothers. They smoke
their cigarettes on balconies and
threaten with boy-sized football jerseys.
They shout abuse at the angel of dawn
while flames lick at the homes behind them.

About the Author

Anna Enquist

Anna Enquist, a psychoanalyst and classically trained musician, was born in 1945. Enquist came to poetry relatively late in life, and began writing "from one day to the next". She quickly established herself as one of the Netherlands' best-selling poets, and has a large readership abroad in Germany, Austria, Switzerland, Israel and Sweden.

ABOUT THE TRANSLATOR

David Colmer was born in Australia in 1960. He has lived in Amsterdam since 1991 and translates Dutch literature in a range of genres. His own short stories have been published in the UK and his native Australia, and a Dutch translation of "Lew", his first novel, was published in the Netherlands in April 2003.

The fonts used in this book are from the Garamond family